中华人民共和国
资源税法

中国法制出版社

中华人民共和国资源税法

ZHONGHUA RENMIN GONGHEGUO ZIYUANSHUI FA

经销/新华书店

印刷/北京海纳百川印刷有限公司

开本/850 毫米×1168 毫米　32 开　　　印张/0.5　字数/7 千

版次/2019 年 8 月第 1 版　　　2019 年 9 月第 2 次印刷

中国法制出版社出版

书号 ISBN 978-7-5216-0484-9　　　定价：4.00 元

北京西单横二条 2 号

邮政编码 100031　　　传真：010-66031119

网址：http：//www.zgfzs.com　　　编辑部电话：010-66080537

市场营销部电话：010-66033393　　　邮购部电话：010-66033288

目　录

中华人民共和国主席令（第三十三号） ………………… (1)
中华人民共和国资源税法 ………………………………… (2)
关于《中华人民共和国资源税法（草案）》
　的说明 ……………………………………………………… (9)

中华人民共和国主席令

第三十三号

《中华人民共和国资源税法》已由中华人民共和国第十三届全国人民代表大会常务委员会第十二次会议于2019年8月26日通过，现予公布，自2020年9月1日起施行。

中华人民共和国主席　习近平

2019年8月26日

中华人民共和国资源税法

（2019 年 8 月 26 日第十三届全国人民代表大会
常务委员会第十二次会议通过）

第一条 在中华人民共和国领域和中华人民共和国管辖的其他海域开发应税资源的单位和个人，为资源税的纳税人，应当依照本法规定缴纳资源税。

应税资源的具体范围，由本法所附《资源税税目税率表》（以下称《税目税率表》）确定。

第二条 资源税的税目、税率，依照《税目税率表》执行。

《税目税率表》中规定实行幅度税率的，其具体适用税率由省、自治区、直辖市人民政府统筹考虑该应税资源的品位、开采条件以及对生态环境的影响等情况，在《税目税率表》规定的税率幅度内提出，报同级人民代表大会常务委员会决定，并报全国人民代表大会常务委员会和国务院备案。《税目税率表》中规定征税对象为原矿或者选矿的，应当分别确定具体适用税率。

第三条 资源税按照《税目税率表》实行从价计征或者从量计征。

《税目税率表》中规定可以选择实行从价计征或者从量计征的，具体计征方式由省、自治区、直辖市人民政府提出，报同级人民代表大会常务委员会决定，并报全国人民代表大会常务委员会和国务院备案。

实行从价计征的，应纳税额按照应税资源产品（以下称应税产品）的销售额乘以具体适用税率计算。实行从量计征的，应纳税额按照应税产品的销售数量乘以具体适用税率计算。

应税产品为矿产品的，包括原矿和选矿产品。

第四条 纳税人开采或者生产不同税目应税产品的，应当分别核算不同税目应税产品的销售额或者销售数量；未分别核算或者不能准确提供不同税目应税产品的销售额或者销售数量的，从高适用税率。

第五条 纳税人开采或者生产应税产品自用的，应当依照本法规定缴纳资源税；但是，自用于连续生产应税产品的，不缴纳资源税。

第六条 有下列情形之一的，免征资源税：

（一）开采原油以及在油田范围内运输原油过程中用于加热的原油、天然气；

（二）煤炭开采企业因安全生产需要抽采的煤成（层）气。

有下列情形之一的，减征资源税：

（一）从低丰度油气田开采的原油、天然气，减征百分之二十资源税；

（二）高含硫天然气、三次采油和从深水油气田开采的原油、天然气，减征百分之三十资源税；

（三）稠油、高凝油减征百分之四十资源税；

（四）从衰竭期矿山开采的矿产品，减征百分之三十资源税。

根据国民经济和社会发展需要，国务院对有利于促进资源节约集约利用、保护环境等情形可以规定免征或者减征资源税，报全国人民代表大会常务委员会备案。

第七条 有下列情形之一的，省、自治区、直辖市可以决定免征或者减征资源税：

（一）纳税人开采或者生产应税产品过程中，因意外事故或者自然灾害等原因遭受重大损失；

（二）纳税人开采共伴生矿、低品位矿、尾矿。

前款规定的免征或者减征资源税的具体办法，由省、自治区、直辖市人民政府提出，报同级人民代表大会常务委员会决定，并报全国人民代表大会常务委员会和国务院备案。

第八条 纳税人的免税、减税项目，应当单独核算销售额或者销售数量；未单独核算或者不能准确提供销售额或者销售数量的，不予免税或者减税。

第九条 资源税由税务机关依照本法和《中华人民共和国税收征收管理法》的规定征收管理。

税务机关与自然资源等相关部门应当建立工作配合机制，加强资源税征收管理。

第十条 纳税人销售应税产品，纳税义务发生时间为收讫销售款或者取得索取销售款凭据的当日；自用应税产品的，纳税义务发生时间为移送应税产品的当日。

第十一条 纳税人应当向应税产品开采地或者生产地的税务机关申报缴纳资源税。

第十二条 资源税按月或者按季申报缴纳；不能按固定期限计算缴纳的，可以按次申报缴纳。

纳税人按月或者按季申报缴纳的，应当自月度或者季度终了之日起十五日内，向税务机关办理纳税申报并缴纳税款；按次申报缴纳的，应当自纳税义务发生之日起十五日内，向税务机关办理纳税申报并缴纳税款。

第十三条 纳税人、税务机关及其工作人员违反本法规定的，依照《中华人民共和国税收征收管理法》和有关法律法规的规定追究法律责任。

第十四条 国务院根据国民经济和社会发展需要，依照本法的原则，对取用地表水或者地下水的单位和个人试点征收水资源税。征收水资源税的，停止征收水资源费。

水资源税根据当地水资源状况、取用水类型和经济发展等情况实行差别税率。

水资源税试点实施办法由国务院规定，报全国人民代表大会常务委员会备案。

国务院自本法施行之日起五年内，就征收水资源税试点情况向全国人民代表大会常务委员会报告，并及时提出修改法律的建议。

第十五条 中外合作开采陆上、海上石油资源的企业依法缴纳资源税。

2011年11月1日前已依法订立中外合作开采陆上、海上石油资源合同的，在该合同有效期内，继续依照国家有关规定缴纳矿区使用费，不缴纳资源税；合同期满后，依法缴纳资源税。

第十六条 本法下列用语的含义是：

（一）低丰度油气田，包括陆上低丰度油田、陆上低丰度气田、海上低丰度油田、海上低丰度气田。陆上低丰度油田是指每平方公里原油可开采储量丰度低于二十五万立方米的油田；陆上低丰度气田是指每平方公里天然气可开采储量丰度低于二亿五千万立方米的气田；海上低丰度油田是指每平方公里原油可开采储量丰度低于六十万立方米的油田；海上低丰度气田是指每平方公里天然气可开采储量丰度低于六亿立方米的气田。

（二）高含硫天然气，是指硫化氢含量在每立方米三十克以上的天然气。

（三）三次采油，是指二次采油后继续以聚合物驱、复合驱、泡沫驱、气水交替驱、二氧化碳驱、微生物驱等方式进行采油。

（四）深水油气田，是指水深超过三百米的油气田。

（五）稠油，是指地层原油粘度大于或等于每秒五十毫帕或原油密度大于或等于每立方厘米零点九二克的原油。

（六）高凝油，是指凝固点高于四十摄氏度的原油。

（七）衰竭期矿山，是指设计开采年限超过十五年，且剩余可开采储量下降到原设计可开采储量的百分之二十以下或者剩余开采年限不超过五年的矿山。衰竭期矿山以开采企业下属的单个矿山为单位确定。

第十七条 本法自2020年9月1日起施行。1993年12月25日国务院发布的《中华人民共和国资源税暂行条例》同时废止。

附：

资源税税目税率表

税目			征税对象	税率
能源矿产	原油		原矿	6%
	天然气、页岩气、天然气水合物		原矿	6%
	煤		原矿或者选矿	2%—10%
	煤成（层）气		原矿	1%—2%
	铀、钍		原矿	4%
	油页岩、油砂、天然沥青、石煤		原矿或者选矿	1%—4%
	地热		原矿	1%—20% 或者每立方米1—30元
金属矿产	黑色金属	铁、锰、铬、钒、钛	原矿或者选矿	1%—9%
	有色金属	铜、铅、锌、锡、镍、锑、镁、钴、铋、汞	原矿或者选矿	2%—10%
		铝土矿	原矿或者选矿	2%—9%
		钨	选矿	6.5%
		钼	选矿	8%
		金、银	原矿或者选矿	2%—6%
		铂、钯、钌、锇、铱、铑	原矿或者选矿	5%—10%
		轻稀土	选矿	7%—12%
		中重稀土	选矿	20%

续表

税目			征税对象	税率
金属矿产	有色金属	铍、锂、锆、锶、铷、铯、铌、钽、锗、镓、铟、铊、铪、铼、镉、硒、碲	原矿或者选矿	2%—10%
非金属矿产	矿物类	高岭土	原矿或者选矿	1%—6%
		石灰岩	原矿或者选矿	1%—6%或者每吨（或者每立方米）1—10元
		磷	原矿或者选矿	3%—8%
		石墨	原矿或者选矿	3%—12%
		萤石、硫铁矿、自然硫	原矿或者选矿	1%—8%
		天然石英砂、脉石英、粉石英、水晶、工业用金刚石、冰洲石、蓝晶石、硅线石（矽线石）、长石、滑石、刚玉、菱镁矿、颜料矿物、天然碱、芒硝、钠硝石、明矾石、砷、硼、碘、溴、膨润土、硅藻土、陶瓷土、耐火粘土、铁矾土、凹凸棒石粘土、海泡石粘土、伊利石粘土、累托石粘土	原矿或者选矿	1%—12%
		叶蜡石、硅灰石、透辉石、珍珠岩、云母、沸石、重晶石、毒重石、方解石、蛭石、透闪石、工业用电气石、白垩、石棉、蓝石棉、红柱石、石榴子石、石膏	原矿或者选矿	2%—12%
		其他粘土（铸型用粘土、砖瓦用粘土、陶粒用粘土、水泥配料用粘土、水泥配料用红土、水泥配料用黄土、水泥配料用泥岩、保温材料用粘土）	原矿或者选矿	1%—5%或者每吨（或者每立方米）0.1—5元

续表

税目			征税对象	税率
非金属矿产	岩石类	大理岩、花岗岩、白云岩、石英岩、砂岩、辉绿岩、安山岩、闪长岩、板岩、玄武岩、片麻岩、角闪岩、页岩、浮石、凝灰岩、黑曜岩、霞石正长岩、蛇纹岩、麦饭石、泥灰岩、含钾岩石、含钾砂页岩、天然油石、橄榄岩、松脂岩、粗面岩、辉长岩、辉石岩、正长岩、火山灰、火山渣、泥炭	原矿或者选矿	1%—10%
		砂石	原矿或者选矿	1%—5%或者每吨（或者每立方米）0.1—5元
	宝玉石类	宝石、玉石、宝石级金刚石、玛瑙、黄玉、碧玺	原矿或者选矿	4%—20%
水气矿产	二氧化碳气、硫化氢气、氦气、氡气		原矿	2%—5%
	矿泉水		原矿	1%—20%或者每立方米1—30元
盐	钠盐、钾盐、镁盐、锂盐		选矿	3%—15%
	天然卤水		原矿	3%—15%或者每吨（或者每立方米）1—10元
	海盐			2%—5%

关于《中华人民共和国资源税法（草案）》的说明

——2018 年 12 月 23 日在第十三届全国人民代表大会常务委员会第七次会议上

财政部部长　刘昆

委员长、各位副委员长、秘书长、各位委员：

我受国务院委托，现对《中华人民共和国资源税法（草案）》作说明。

1993 年 12 月，国务院发布《中华人民共和国资源税暂行条例》（以下简称《暂行条例》），规定对开采矿产品或者生产盐的单位和个人征收资源税，资源税实行从量计征。2010 年 6 月起，按照党中央、国务院决策部署，资源税从价计征改革逐步实施，国务院于 2011 年 9 月对《暂行条例》作了部分修改，明确资源税按照从价定率或者从量定额的办法计算征收。2016 年 7 月 1 日起，资源税从价计征改革全面推开。《暂行条例》施行以来，资源税运行比较平稳。1994 年至 2017 年，全国累计征收资源税 9325 亿元，年均增长 15.9%，其中 2017 年征收 1353 亿元。资源税对于促进资源节约集约利用、加强生态环境保护等，发挥着重要作用。

《中共中央关于全面深化改革若干重大问题的决定》提出“落实税收法定原则”，制定资源税法是其中重要任务之一，并已列入《全国人大常委会 2018 年立法工作计划》和《国务院

2018年立法工作计划》。为贯彻落实党中央、国务院决策部署，财政部、税务总局、司法部在《暂行条例》的基础上，经征求国家发展改革委、自然资源部、工业和信息化部等有关部门和单位，各省、自治区、直辖市人民政府，以及有关企业和社会团体等方面的意见，并公开向社会征求意见，起草形成了《中华人民共和国资源税法（草案）》（以下简称草案）。草案已经国务院同意。现说明如下：

一、立法的总体考虑

从实际执行情况看，资源税税制要素基本合理，运行比较平稳。制定资源税法，可按照税制平移的思路，保持现行税制框架和税负水平总体不变，将《暂行条例》上升为法律。同时，根据实际情况，按照落实税收法定原则的要求，对相关征税事项作相应调整。

二、草案的主要内容

（一）关于纳税人。

草案规定：在中华人民共和国领域和管辖海域开采矿产品或者生产盐（以下称开采或者生产应税产品）的单位和个人为资源税的纳税人，应当依法缴纳资源税，其中矿产品包括原矿和选矿。

（二）关于税目。

草案所附《资源税税目税率表》（以下简称《税目税率表》）规定了164个税目，除包括现行中央层面（财政部、税务总局）列举名称的税目外，还将现行授权地方层面（各省、自治区、直辖市人民政府）列举名称的税目统一纳入，进一步规范资源税税目。

（三）关于税率。

草案所附《税目税率表》规定了固定和幅度两种税率。适用固定税率的应税产品包括原油、天然气、铀、钨、钼、中重稀土等税目。实行幅度税率的应税产品包括煤、铁、铜、铝土矿、金、银、轻稀土等税目。草案规定：应税产品为幅度税率的，其具体适用税率由省、自治区、直辖市人民政府统筹考虑该应税产品的资源品位、开采条件以及对生态环境的影响等情况，在规定的税率幅度内提出，报同级人大常委会决定，并报全国人大常委会和国务院备案。

（四）关于计征方式和应纳税额计算。

草案规定：除《税目税率表》另有规定外，资源税一般实行从价计征，应纳税额按照应税产品的销售额乘以具体适用税率计算；《税目税率表》中规定可以选择实行从价计征或者从量计征的，具体计征方式由省、自治区、直辖市人民政府提出，报同级人大常委会决定；实行从量计征的，应纳税额按照应税产品的销售数量乘以具体适用税率计算。根据《税目税率表》，可以选择实行从价计征或者从量计征的有地热、石灰岩、其他粘土、砂石、矿泉水、天然卤水等6个税目。

（五）关于税收减免。

草案规定：对开采原油以及在油田范围内运输原油过程中用于加热的原油、天然气，以及煤炭开采企业因安全生产需要抽采的煤成（层）气免征资源税；对高含硫天然气和从深水油气田开采的原油、天然气，以及从衰竭期矿山开采的矿产品，减征30%资源税；对从低丰度油气田开采的原油、天然气，减征20%资源税。为更好适应实际需要、便于相机调控，同时体现税收法定原则的要求，草案规定国务院可以规定免征或者减征资源税的其他情形，报全国人大常委会备案。

草案还规定：对纳税人开采或者生产应税产品过程中因意外事故或者自然灾害等原因遭受重大损失以及开采共伴生矿、低品位矿、尾矿的，授权省、自治区、直辖市人民政府决定予以减免税，报同级人大常委会备案。

此外，草案对资源税申报缴纳地点、纳税期限等税收征管事项作了规定。

三、需要说明的问题

（一）关于水资源税改革试点问题。按照党中央、国务院决策部署，水资源税改革正处于试点阶段，试点范围为北京、天津、河北等10个省、自治区、直辖市，征税制度仍需通过试点探索和完善。为确保水资源税改革试点于法有据，草案规定：根据国民经济和社会发展需要，国务院可以决定自本法施行之日起5年内开展水资源税征收试点；水资源税的纳税人为取用地表水或者地下水的单位和个人；试点地区可以根据本地区水资源状况、取用水类型和经济发展等情况实行差别税率，每立方米取用水量平均税率不超过10元；水资源税试点实施办法由国务院规定，报全国人大常委会备案。

（二）关于中外合作开采油气资源缴纳资源税问题。按照2011年9月国务院修改的《中华人民共和国对外合作开采陆上石油资源条例》和《中华人民共和国对外合作开采海洋石油资源条例》有关规定，为保持政策的连续性稳定性，草案规定：中外合作开采陆上、海上石油资源的企业依法缴纳资源税。但是，2011年11月1日前已依法订立的中外合作开采陆上、海上石油资源的合同，在已约定的合同有效期内，继续依照当时国家有关规定缴纳矿区使用费，不缴纳资源税；合同期满后，依法缴纳资源税。

《中华人民共和国资源税法（草案）》和以上说明是否妥当，请审议。